O surpreendente propósito da raiva

Marshall Rosenberg

O surpreendente propósito da raiva

Indo além do controle para encontrar a função vital da raiva

Transcrição de seminário e workshop ministrados pelo Dr. Marshall Rosenberg

TRADUÇÃO
Tônia Van Acker

Palas Athena

Título original: *The Surprising Purpose of Anger: Beyond Anger Management – Finding the Gift*

Copyright © 2005 PuddleDancer Press

Grafia segundo o Acordo Ortográfico da Língua Portuguesa de 1990, que entrou em vigor no Brasil em 2009.

Coordenação editorial: Lia Diskin
Revisão técnica: Silvio de Melo Barros
Revisão: Rejane Moura
Capa, Projeto gráfico, Produção e Diagramação: Jonas Gonçalves

**Dados Internacionais de Catalogação na Publicação (CIP)
(Câmara Brasileira do Livro, SP, Brasil)**

Rosenberg, Marshall B.
 O surpreendente propósito da raiva : indo além do controle para encontrar a função vital da raiva / Marshall Rosenberg ; tradução Tônia Van Acker. -- São Paulo : Palas Athena, 2019.

 Título original: The surprising purpose of anger : beyond anger management – finding the gift
 "Transcrição de seminário e workshop ministrados pelo Dr. Marshall Rosenberg"
    ISBN 978-85-60804-51-1

 1. Administração de conflitos 2. Comunicação interpessoal 3. Conflito interpessoal 4. Raiva 5. Sentimentos – Aspectos psicológicos I. Título.

19-31755   CDD-152.47

Índices para catálogo sistemático:

1. Raiva : Emoções : Psicologia 152.47
Maria Paula C. Riyuzo – Bibliotecária – CRB-8/7639

5ª edição, março de 2025

Todos os direitos reservados e protegidos pela Lei 9610 de 19 de fevereiro de 1998.

É proibida a reprodução total ou parcial, por quaisquer meios, sem a autorização prévia, por escrito, da Editora.

Direitos adquiridos para a língua portuguesa por Palas Athena Editora.
Fone (11) 3050-6188
www.palasathena.org.br
editora@palasathena.org.br

@associacaopalasathena

Sumário

09 Breve introdução à CNV
A raiva na CNV.. 10
Funciona mesmo que apenas uma das pessoas saiba fazer.. 12

15 Passos para lidar com a raiva
Primeiro e segundo passos.. 15
    Avaliação dos gatilhos que levam à raiva.................... 16
    Gatilho *versus* causa... 19
    Uma ilustração sobre a distinção entre estímulo e causa... 21
Terceiro passo.. 22
    Julgamentos... 23
    Aprendendo quais são as necessidades humanas....... 24
Quarto passo.. 27
    Punição e raiva.. 30

33 Matar é algo muito "superficial"
Vivências nas oficinas ministradas por Marshall... 37
Da filosofia à tática, chegando à prática..................... 39
Exemplo da raiva de uma mulher.................................. 41

47 Como conseguir que os outros compreendam nossos sentimentos e necessidades
Desfrutando o espetáculo de julgamentos na sua cabeça.. 52
Não tenha pressa.. 54

57 Um convite

59 Pílulas sobre a raiva

62 Apêndices
Os quatro componentes da CNV................................. 62
Lista de sentimentos e necessidades universais..... 63
Sobre a Comunicação Não Violenta......................... 65
Sobre o Center for Nonviolent Communication..... 67
Sobre o autor.. 69

O Surpreendente Propósito da Raiva
Seminário e workshop ministrados pelo
Dr. Marshall Rosenberg

Nesta obra o Dr. Marshall Rosenberg nos fala de sua visão singular sobre o papel que a raiva pode desempenhar em nossa vida. Ele nos desafia a mudar, pois é comum pensar que a raiva deve ser suprimida. Contudo, para o Dr. Rosenberg, a raiva é uma dádiva, algo que nos conecta com as necessidades desatendidas que provocaram essa emoção. O autor esclarece nossas ideias equivocadas sobre a raiva e mostra que ela é produto de um determinado modo de pensar. A discussão sobre esse sentimento universal abre caminho para uma melhor compreensão da Comunicação Não Violenta, pois envolve muitos dos conceitos importantes da CNV: viver a partir do coração, expressar observações sem julgamento, ter clareza sobre nossos sentimentos e necessidades, fazer pedidos claros e nutrir ligações que fazem florescer a vida – tudo isso é relevante para o modo como reagimos à raiva.

Breve introdução à CNV

A CNV nasceu de meu vivo interesse por duas questões: em primeiro lugar, eu desejava compreender melhor como alguns seres humanos são levados a se comportar de modo violento e a explorar os outros. Em segundo lugar – e como acredito que somos compassivos por natureza –, queria descobrir um tipo de educação que nos ajudasse a preservar a compaixão, mesmo quando os outros se comportam de modo violento e nos exploram.

Nas minhas pesquisas sobre essas questões descobri que há três fatores que nos influenciam e levam alguns de

nós a agir violentamente – e alguns compassivamente – em situações semelhantes. São eles:
1. A linguagem que aprendemos a utilizar.
2. O modo de pensar e de nos comunicar que nos foi ensinado.
3. As estratégias específicas que aprendemos para influenciar a nós mesmos e aos outros.

Percebi que esses três fatores desempenham um papel preponderante quando se trata de determinar se conseguiremos reagir compassivamente ou se usaremos violência em dada situação. Neste processo, que chamo de Comunicação Não Violenta, combinei o tipo de linguagem, os modos de pensar e as formas de comunicação que fortalecem nossa habilidade de voluntariamente contribuir para nosso próprio bem-estar e também o dos outros.

A CNV se concentra em descobrir se as necessidades das pessoas estão sendo atendidas e, em caso negativo, o que pode ser feito para satisfazê-las. Ela indica como podemos nos expressar para aumentar a probabilidade de os outros contribuírem de maneira voluntária para nosso bem-estar. Também nos mostra como ouvir a mensagem dos outros de modo a ampliar a possibilidade de voluntariamente favorecermos o bem-estar deles.

A raiva na CNV

No tocante ao modo de lidar com a raiva, a CNV nos mostra que podemos usá-la como um alarme, que indica quando estamos pensando de um modo que dificilmente levará ao atendimento de nossas necessidades, e que mais provavelmente nos envolverá em interações que não serão construtivas para nenhum dos envolvidos. Nossa metodologia insiste em que é **perigoso pensar na raiva como algo que deve ser reprimido, ou algo ruim**. Quando identificamos a raiva como sendo resultado de algo que está errado em nós, a tendência é querer reprimi-la, ao invés de tratar dela. Esse tipo de reação diante da raiva, de reprimir e negar, em geral nos leva a expressá-la de maneiras que podem ser perigosas para nós e para os outros.

Procure se lembrar de todas as notícias que viu sobre assassinos em série e como foram descritos por aqueles que os conheciam. Em geral ficam surpresos e dizem a respeito do assassino: "Ele era uma pessoa tão gentil. Nunca o vi levantar a voz. Não parecia uma pessoa raivosa".

Portanto, na CNV, queremos usar a raiva para nos ajudar a entender nossas necessidades não atendidas – elas estão nas raízes da nossa raiva.

Muitas das comunidades com as quais trabalho no mundo todo são testemunhas das consequências de se ensinar que a raiva deve ser reprimida. Elas viram com seus próprios olhos os resultados de uma educação que evita a raiva – e isto acontece porque alguns desejam oprimir as pessoas e fazê-las tolerar qualquer situação a que estejam sujeitas. No entanto, também tenho reservas quanto a algumas linhas que, ao tentar corrigir essa situação, advogam que se dê vazão à raiva, sem compreender sua origem e o modo de transformá-la. Alguns estudos indicam que os programas de "gerenciamento da raiva" que aconselham os participantes a simplesmente descarregarem sua raiva (por exemplo, socando travesseiros, etc.) não fazem nada além de trazer a raiva para a superfície, deixando os participantes mais suscetíveis a manifestá-la de modo perigoso para si e para os outros.

Portanto, na CNV o propósito é aprofundar nosso olhar e ver o que está acontecendo dentro de nós quando estamos com raiva, e conseguir discernir qual é a necessidade (a causa da raiva) que podemos tentar atender. Para fins pedagógicos, às vezes me refiro à raiva como aquela luz no painel do carro que indica se a temperatura está alta demais – é algo que fornece informações úteis sobre as necessidades do motor. Qual seria a utilidade de esconder essa luz ou desativá-la? O que devemos fazer é parar o carro e procurar descobrir o que aquela luz está tentando avisar.

Funciona mesmo que apenas uma das pessoas conheça CNV

Minha experiência mostra que, se conseguirmos manter o foco na raiva como aviso, independentemente de como a outra pessoa está se comunicando, poderemos nos manter conectados às nossas necessidades. Em outras palavras, a CNV funciona mesmo quando apenas uma das pessoas sabe utilizá-la.

Não é tão difícil manter o foco nessa direção. Pode, sim, ser amedrontador, pois sempre exige vulnerabilidade da nossa parte. Afinal, será preciso dizer abertamente como estamos nos sentindo e o que desejaríamos nessa situação. Funciona bastante bem quando as duas partes conhecem a CNV; mas quase todas as pessoas com quem trabalhei estão nos meus seminários pois precisam se comunicar com alguém que, com toda probabilidade, nunca aprenderá CNV. Por isso é tão importante que o processo funcione com todos, tenham aprendido a se comunicar dessa maneira ou não.

Uma das coisas que reforçamos no treinamento intensivo é como se manter no processo independentemente da forma como os outros se comunicam. Em certo sentido a raiva é uma maneira divertida de mergulhar mais fundo na CNV, mesmo que você esteja conhecendo esse processo pela primeira vez. Quando estamos com raiva, isto ressalta muitos dos aspectos do processo de CNV e faz com que ganhem uma grande nitidez, o que por sua vez nos ajuda a ver a diferença entre a CNV e outras formas de comunicação.

A abordagem da CNV envolve vários passos. Farei uma exposição desses passos com a ajuda do caso de um rapaz sueco que esteve na prisão. Trabalhei com ele num curso que ministrei numa penitenciária na Suécia, para mostrar aos participantes como a CNV podia ser usada para lidarem com a raiva deles.

Passos para lidar com a raiva

Primeiro e segundo passos

O primeiro passo para lidar com a raiva através da CNV é tomar consciência de que **o estímulo ou gatilho da raiva não é o que dá causa a ela**. Em outras palavras, não ficamos com raiva simplesmente por causa de algo que o outro tenha feito. Alguma coisa dentro de nós reage àquilo que os outros fizeram – esta é a verdadeira causa da raiva. Portanto, é preciso saber distinguir entre o gatilho e a causa.

No caso do presidiário na Suécia, no dia em que estávamos tratando da raiva, descobrimos que ele tinha muita raiva das autoridades prisionais. Portanto, ficou muito satisfeito por estarmos ali para ajudá-lo a lidar com a raiva.

Perguntei a ele o que as autoridades da prisão tinham feito para provocar sua raiva e ele disse: "Fiz uma solicitação a eles, faz três semanas, e ainda não me responderam". Ele reagiu à minha pergunta da maneira que eu desejava. Ele me disse simplesmente o que os dirigentes **fizeram**. Não adicionou suas avaliações a essa descrição, e este é o primeiro passo para lidar com a raiva de modo não violento: ter clareza sobre qual foi o estímulo, sem acrescentar julgamentos ou avaliações. Isto já é uma grande conquista. Quando faço essa pergunta, é frequente as pessoas me responderem, por exemplo: "Eles foram desrespeitosos" – e isto é um julgamento moral sobre o que os outros "são", porém não descreve o que eles fizeram.

O segundo passo é tomar consciência de que o estímulo nunca é a causa da minha raiva. Ou seja, não ficamos com raiva simplesmente por algo que o outro fez. **A causa da raiva é a avaliação que fazemos em relação ao que aconteceu**. E trata-se de uma avaliação específica.

A CNV se baseia na premissa de que a raiva é resultado das maneiras de avaliar aquilo que nos acontece caracterizadas por desconexão com a vida – ou seja, essas avaliações não estão diretamente ligadas ao que precisamos ou ao que os outros à nossa volta precisam. Ao contrário, tais avaliações se fundam em modos de pensar que imputam erro ou maldade aos outros devido ao que fizeram.

Avaliação dos gatilhos que levam à raiva

Há quatro maneiras de avaliar os gatilhos da raiva presentes em nossa experiência de vida. No caso que nos serve de exemplo, pelo fato de as autoridades prisionais não terem respondido à sua solicitação de três semanas atrás, o detento poderia ter levado para o lado pessoal e interpretado como rejeição. Se ele tivesse essa reação, não ficaria com raiva. Ficaria magoado, talvez desesperançado, mas não com raiva.

Uma segunda possibilidade seria olhar para dentro de si mesmo e perceber quais são suas necessidades. Focalizar diretamente as nossas necessidades é uma forma de pensar que tem grande chance de levar a atendê-las. Como veremos mais adiante, se o detento tivesse clareza e foco nas suas necessidades, não teria ficado com raiva. Talvez ficasse com medo, e isso de fato aconteceu quando ele finalmente entrou em contato com sua carência.

Outra possibilidade é olhar a situação em termos das necessidades que levaram o outro a se comportar daquela maneira. Esse tipo de compreensão das carências alheias não nos deixa com raiva. Na verdade, quando realmente estamos ligados nas necessidades dos outros – ao ponto de compreendê-las – não estamos em contato com nenhum sentimento dentro de nós mesmos, pois nossa total atenção está voltada para outra pessoa.

O quarto modo de encarar as coisas – que, como veremos, **está sempre na base da raiva – é pensar que as pessoas estão erradas por se comportarem daquela forma**. No contexto da CNV, sempre que sentimos raiva recomenda-se que digamos a nós mesmos: "Estou com raiva por que estou dizendo a mim mesmo que _____". E então, procuramos por aqueles pensamentos que nos desconectam da vida, e que são a causa da raiva.

No caso do detento, quando ele me disse que estava com raiva e que o gatilho tinha sido o silêncio das autoridades prisionais diante de sua solicitação de três semanas atrás, pedi a ele que olhasse dentro de si e me contasse qual era a causa da raiva. Ele me pareceu confuso e respondeu:

— Acabei de dizer que a causa da minha raiva é que eu fiz uma solicitação há três semanas e eles ainda não responderam.

— Isso que você me contou é o gatilho da raiva – comecei a explicar. — Nas aulas anteriores mostrei que o gatilho nunca é a única coisa que nos faz sentir raiva. Devemos procurar a causa. Me diga como você interpretou o comportamento deles, o que você viu no comportamento deles que o fez sentir raiva.

A essa altura o rapaz ficou muito hesitante. Ele é como a maioria de nós. Não aprendeu a ter consciência do que acontece dentro dele quando está com raiva. Portanto, tive que ajudar um pouco para que ele entendesse o que eu queria dizer quando pedi que parasse e escutasse seus pensamentos, aqueles que costumam estar sempre no fundo da raiva.

Depois de alguns instantes, ele falou:

— Certo. Entendi o que você quis dizer. Estou com raiva porque fico dizendo a mim mesmo que não é justo, que isso não é modo de tratar um ser humano. Estão agindo como se eles fossem importantes e eu um nada – e vários outros julgamentos semelhantes passavam rapidamente pela cabeça dele.

Observe que inicialmente ele disse que era apenas o comportamento deles que o deixou raivoso. Mas, na verdade, eram todos aqueles pensamentos que o deixaram irado; qualquer um deles isoladamente já o poria furioso. E ele tinha uma série de julgamentos: "Eles são injustos; não estão me tratando como um ser humano". **Esses são os pensamentos que causam a raiva.**

Quando identificamos a causa, ele me disse:

— E o que tem de errado em pensar dessa forma?

— Não estou dizendo que é errado pensar assim. Quero apenas que você tome consciência de que esse modo de pensar causa a sua raiva. E não é bom misturar aquilo que as pessoas fazem (o gatilho) com a causa da raiva.

Gatilho *versus* causa

Eis algo muito difícil para a maioria de nós: manter clareza sobre a diferença entre o gatilho ou estímulo da raiva e sua causa. O motivo da dificuldade é que talvez tenhamos sido criados por pessoas que usavam a culpa como forma primária de tentar nos motivar. Quando se deseja usar a culpa como meio de manipular as pessoas, é preciso confundi-las fazendo com que pensem que o gatilho é a causa do sentimento. Em outras palavras, se você quer que alguém sinta culpa, é preciso se comunicar de modo a indicar que seu sofrimento é causado unicamente pela ação daquela pessoa. Ou seja, o comportamento do outro não é somente o estímulo para o seu sentimento, é a causa dele.

Um pai/mãe que gosta de usar a culpa costuma dizer ao filho: "Me dói muito quando você não arruma seu quarto". Ou um cônjuge talvez diria: "Eu fico com raiva quando você sai todas as noites da semana". Observe que nesses dois exemplos o comunicador sugere que o estímulo é a causa de seus sentimentos: você me fez sentir assim. Isso me faz sentir assim. Estou me sentindo assim porque você fez tal coisa.

Para lidar com a raiva em harmonia com os princípios da CNV, é importante estar bem consciente dessa distinção: **estou me sentindo assim porque eu estou pensando a respeito das ações da outra pessoa de maneira a imputar erros a ela.** Esses pensamentos assumem a forma de julgamentos: Ela é egoísta, ela é grosseira, ou preguiçosa, ou manipuladora; e não deveria ser assim. Esses julgamentos podem ser diretos ou indiretos, como por exemplo: "Considero que essa pessoa pensa que só ela tem algo que vale a pena ser dito". Nesta afirmação, fica claro que não consideramos correto o que a outra pessoa está fazendo.

Isto é importante, pois se penso que a outra pessoa está me fazendo sentir raiva, será difícil para mim não desejar castigá-la. Por isso a CNV mostra que a causa nunca é o que o outro fez, mas a maneira como você vê aquilo, o modo como você interpreta. Aprendi muito a esse respeito nas viagens que fiz pelo mundo.

Trabalhei bastante em Ruanda, muitas vezes com pessoas que tinham perdido vários membros da família no genocídio, e alguns estavam tão irados que só pensavam em vingança. Estavam furiosos. Outras pessoas, na mesma sala, não estavam com raiva, embora talvez tivessem perdido maior número de familiares. Nutriam sentimentos muito fortes, mas não raiva. Sentiam que queriam impedir que uma matança desse tipo acontecesse de novo, mas não queriam punir os outros. Por isso, na CNV, queremos que as pessoas vejam que nossa maneira de enxergar os fatos é que cria a raiva, e não o estímulo em si.

Em meus seminários tento fazer as pessoas perceberem que quando estão com raiva é porque sua consciência está sob a influência da linguagem aprendida. O discurso que aprendemos é que o outro lado é mau ou errado por algum motivo. Este é o pensamento que dá causa à raiva. Na presença dessas ideias, não devemos suprimi-las, nem reprimir a raiva ou os pensamentos, mas transformá-las numa linguagem que fomente a vida, uma linguagem com a qual será muito mais provável criar paz entre você e quem quer que tenha agido de modo a estimular sua raiva.

Devemos começar descobrindo como tomar consciência desses pensamentos internalizados que nos enfurecem e, depois, traduzi-los em termos das necessidades que não foram atendidas pelo modo como a outra pessoa agiu. Em seguida, partindo dessa consciência, reconstruiremos a paz com a outra pessoa.

O primeiro passo para expressar nossa raiva é tratar dela de acordo com os princípios da CNV, ou seja, identificar o estímulo da raiva sem confundi-lo com nossa avaliação. O segundo passo é tomar consciência de que a avaliação que fazemos das pessoas (na forma de julgamentos que imputam erro) é a causa da raiva.

Uma ilustração sobre a distinção entre estímulo e causa

Houve uma época em que trabalhei numa instituição correcional para educação de menores infratores. Ali tive uma experiência que realmente me ajudou a aprender a lição de que nunca é o estímulo que provoca a raiva. Entre o estímulo e a raiva há sempre algum processo de pensamento.

Em dois dias consecutivos passei por experiências muito semelhantes, mas reagi sentindo coisas bastante diferentes. Nas duas situações levei uma cotovelada no nariz, pois nos dois dias fui tentar apartar uma briga entre alunos – cada dia um aluno diferente.

No primeiro dia fiquei furioso. No segundo, apesar de meu nariz estar ainda mais dolorido do que no primeiro, não senti raiva. Por que motivo fiquei com raiva como resposta ao estímulo no primeiro dia mas não no segundo?

Na primeira situação, se alguém viesse logo depois do fato e me perguntasse por que estava com raiva, teria dificuldade em identificar o pensamento que me enfureceu. Talvez eu dissesse: "Obviamente, porque o menino me deu uma cotovelada no nariz!". Mas esta não era a causa. Revendo a situação mais tarde, ficou claro para mim que aquele menino que me acertou no nariz no primeiro dia era alguém que, naquele mesmo dia, eu tinha avaliado em termos bastante julgadores. Na minha cabeça, eu considerava aquele menino um mimado. Assim que o cotovelo dele golpeou meu nariz, fiquei furioso – na minha percepção foi instantâneo – mas entre o estímulo e a raiva me veio a imagem de que esse menino era um mimado. Tudo aconteceu numa fração de segundo, porém, o que me enfureceu foi a imagem do "menino mimado".

No segundo dia, a imagem que me veio na situação foi totalmente outra. Eu o via mais como um pobre coitado do que como um menino mimado e, portanto, quando o cotovelo dele acertou meu nariz, não fiquei com raiva. Com certeza senti muita dor física, mas não tive raiva, pois uma imagem diferente passou pela minha cabeça: a de um menino que precisava muito de ajuda – ao invés da imagem julgadora do "mimado", que foi causa da raiva no dia anterior.

Tais imagens são rápidas como um raio, e podemos nos enganar atribuindo a causa da raiva ao estímulo.

Terceiro passo

O terceiro passo é olhar para a necessidade que está na raiz de nossa raiva. Isto porque partimos do pressuposto de que a raiva surge porque nossas necessidades não estão sendo atendidas. O problema é que, em geral, não estamos cientes de nossas necessidades. Em vez de fazer a conexão direta com nossas carências, nos deslocamos para a racionalização e começamos a pensar no que está errado com os outros (pois não atendem às nossas necessidades). Os julgamentos que formamos a respeito dos outros – que causam a raiva – são na verdade **expressões alienadas de necessidades não atendidas.**

Julgamentos

Ao longo dos anos, fui percebendo que esses julgamentos em relação aos outros, que nos enfurecem, não são apenas expressões alienadas de nossas necessidades – são também expressões trágicas e suicidas dessas necessidades. Ao invés de nos conectarmos com nossas emoções para descobrir de que precisamos, dirigimos nossa atenção para julgar o que há de errado com os outros por não atenderem nossas necessidades. Ao fazer isto, criamos grande probabilidade de certas coisas acontecerem.

Em primeiro lugar, há grande chance de nossas necessidades não serem atendidas, pois quando verbalizamos julgamentos sobre outras pessoas apontando seus erros elas ficam na defensiva e tendem a evitar a conexão conosco. No mínimo, os julgamentos não fomentam a cooperação. Mesmo que as pessoas façam o que gostaríamos que fizessem depois de as termos julgado como preguiçosas, erradas ou irresponsáveis, farão aquilo a partir de uma atitude pouco saudável. E acabaremos pagando por isso, pois quando sentimos raiva por julgar alguém (e expressamos esses julgamentos verbalmente ou através de linguagem corporal) as pessoas percebem que as consideramos erradas. Mesmo que depois as pessoas façam o que queremos, provavelmente o farão por medo de serem punidas, de serem julgadas, por culpa ou vergonha – e não por compaixão frente às nossas necessidades.

Ao utilizar a CNV, é preciso estar sempre consciente disto: o motivo pelo qual as pessoas fazem aquilo que queremos é tão importante quanto o ato de fazê-las. Devemos desejar que as pessoas façam as coisas por sua livre e espontânea vontade e não porque têm medo de ser punidas, culpadas, acusadas ou humilhadas se não o fizerem.

Aprendendo quais são as necessidades humanas

Para pôr em prática este processo, é preciso adquirir um repertório de necessidades humanas, e também tomar consciência delas. Ganhando maior vocabulário para expressar tais necessidades, teremos mais facilidade para entrar em contato com as carências que estão na raiz dos julgamentos que nos enfurecem. Somente quando conseguirmos expressar claramente nossas necessidades é que os outros tenderão a reagir compassivamente àquilo que precisamos.

Retornemos ao caso do presidiário sueco. Depois de identificarmos os julgamentos que estavam criando sua raiva, pedi a ele que buscasse no fundo daqueles julgamentos para encontrar que necessidades dele estavam desatendidas. Estas carências é que estavam se manifestando através dos julgamentos a respeito das autoridades prisionais.

Não foi fácil, pois quando fomos treinados para pensar em termos do erro dos outros, em geral ficamos cegos para nossas necessidades. É preciso mudar o foco de nossa atenção, deixando de julgar o que está fora para ver a necessidade que está dentro de nós. Com um pouco de ajuda, ele finalmente conseguiu entrar em contato com suas necessidades e me disse:

— Bem, preciso ser capaz de cuidar de mim mesmo quando sair da prisão, ou seja, preciso conseguir um emprego. Portanto, a solicitação que fiz foi de treinamento para atender essa necessidade. Se eu não conseguir me manter do ponto de vista econômico quando sair da prisão, acabarei voltando para cá.

— Agora que você está em contato com suas necessidades, como se sente? – perguntei.

— Assustado – respondeu ele.

Portanto, quando estamos diretamente ligados à nossa necessidade, a raiva sempre passa. A raiva não foi reprimida; ela foi transformada em sentimentos que são úteis para a satisfação de nossas necessidades.

A função básica dos sentimentos é prestar serviço às nossas necessidades. A palavra emoção, na sua raiz etimológica, significa "mover para fora" – ela nos mobiliza para buscarmos aquilo que precisamos. Quando sentimos carência de nutrientes, temos uma sensação que chamamos de fome, e essa sensação nos estimula a procurar um modo de satisfazer tal necessidade. Se não sentíssemos desconforto quando nosso corpo precisasse de nutrição, morreríamos de fome, pois jamais nos mobilizaríamos para atender essa necessidade.

Essa é a função natural das emoções: nos estimular a procurar a satisfação de nossas carências. Mas a raiva é estimulada por um desvio. Perdemos o contato com as necessidades que nos motivam naturalmente a buscar meios de satisfazê-las, e então, como mencionei, a raiva surge porque pensamos no erro dos outros, e isso desvia nossa energia. Em vez de a utilizarmos para satisfazer nossas necessidades, a utilizamos para culpar e punir os outros.

Quando mostrei ao detento a diferença entre estar em contato com suas necessidades e os sentimentos que isso provocava, ele se conscientizou de que estava com medo. Percebeu que a raiva começou quando pensou sobre o erro dos outros. E então lhe perguntei:

— O que você acha? Como você poderia aumentar suas chances de obter o que precisa: estando em contato com suas necessidades ao voltar para conversar com as autoridades prisionais, ou cheio de julgamentos e raiva?

Ele viu claramente que tinha muito mais probabilidade de ter suas necessidades atendidas caso se comunicasse a partir de uma posição de conexão com suas necessidades ao invés de separado delas e imaginando formas de imputar erro e culpa aos outros. No instante em que se deu conta de que viveria num mundo totalmente diferente se estivesse sempre em contato com suas necessidades ao invés de julgando os outros, ele olhou para baixo e fez a expressão mais triste que jamais vi num rosto humano. Ao perguntar-lhe o que aconteceu, ele respondeu:

— Não consigo falar sobre isso agora.

Mais tarde naquele mesmo dia ele me ajudou a compreender o que tinha acontecido:

— Marshall, eu queria ter aprendido tudo isso sobre a raiva, que você me ensinou hoje de manhã, dois anos atrás. Se eu soubesse, não teria matado meu melhor amigo.

Lamentavelmente, dois anos antes, seu melhor amigo tinha feito algumas coisas, e ele ficou furioso por causa do modo como julgou os atos do amigo. Mas ao invés de perceber quais eram suas necessidades por trás de tudo isso, pensou que o amigo era a causa de sua raiva, e numa interação trágica acabou com a vida do amigo.

Isso não significa que toda vez que sentimos raiva alguém se machuca ou morre. No entanto, toda vez que sentimos raiva, de fato, estamos sem conexão com nossas necessidades; estamos no racional, pensando sobre a situação de um modo que não nos ajudará a atender a essas carências.

Este é um passo muito importante: tomar consciência do pensamento que criou a raiva. Como disse, inicialmente o presidiário ignorava totalmente os pensamentos que passavam pela sua cabeça e o deixavam raivoso. O motivo disso é a rapidez de nossos pensamentos. Muitos deles passam tão rápido pela nossa mente que sequer nos damos conta. Para nós fica parecendo que foi o estímulo externo que causou a raiva.

Até agora, identificamos três passos para lidar com a raiva através da CNV:

1. Identificar o estímulo da raiva, sem confundi-lo com nossas avaliações.

2. Identificar a imagem interna ou julgamento que provocou a raiva.

3. Transformar essa imagem julgadora na necessidade que ela manifesta; ou seja, levar toda nossa atenção para a necessidade que está por trás do julgamento.

Estes três passos são um trabalho interior – não dizemos nada em voz alta. Trata-se simplesmente de tomar consciência de que nossa raiva não é causada pelo que a outra pessoa fez, mas por nosso julgamento e, em seguida, procurar a necessidade por trás do julgamento.

Quarto passo

O quarto passo envolve o que de fato diremos em voz alta para a outra pessoa depois de termos transformado nossa raiva em outros sentimentos através do processo de entrar em contato com as necessidades por trás dos julgamentos.

Nesse quarto passo daremos à outra pessoa quatro informações: em primeiro lugar revelamos ao outro qual foi o estímulo, qual foi a ação dele que entrou em conflito com o atendimento de minhas necessidades. Em segundo lugar, expressamos nossos sentimentos. Note que isto não é reprimir a raiva. A raiva foi transformada em uma emoção, como tristeza, mágoa, medo, frustração, ou outra semelhante. Depois de expressar o sentimento, explicamos qual necessidade nossa está desatendida.

Nesse ponto, acrescentamos a essas três informações um **pedido claro do que desejamos agora da outra pessoa**, no tocante aos nossos sentimentos e necessidades não atendidas.

Desse modo, na situação do presidiário, o quarto passo seria procurar as autoridades prisionais e dizer algo como: "Fiz uma solicitação há três semanas. Ainda não tive resposta alguma e estou com medo pois quando sair da prisão preciso conseguir um emprego; temo que, sem o treinamento profissional que solicitei, será muito difícil eu me manter lá fora. Portanto, gostaria que vocês me dissessem o que os está impedindo de responder ao meu pedido".

Notem que para dizer isso o presidiário teve um intenso trabalho interior. Precisou tomar consciência de tudo que acontecia dentro dele. Precisou de ajuda para entrar em contato com suas necessidades. Nesta situação eu o ajudei, mas nos cursos de CNV ensinamos como a pessoa pode fazer tudo por si mesma.

Quando recebemos um estímulo vindo de outra pessoa e percebemos que estamos começando a ficar com raiva, precisamos lidar com ela do modo como descreverei a seguir.

Se temos bastante prática em fazer contato com a necessidade por trás do julgamento, podemos respirar fundo e rapidamente passar por todas as etapas do processo pelas quais conduzi o rapaz sueco. Em outras palavras, assim que percebermos a raiva, respiramos fundo, paramos, olhamos para dentro e nos perguntamos: "O que eu estava dizendo a mim mesmo para ficar com tanta raiva?". Rapidamente, entramos em contato com a necessidade por trás do julgamento. Quando conseguimos esse contato, de imediato nosso corpo nos mostra que a raiva foi evitada e começamos a sentir outras emoções. Nesse ponto, podemos abrir a boca para dizer ao outro o que observamos, sentimos, precisamos – e para fazer o pedido.

É preciso praticar bastante para cumprir estes passos em poucos segundos. Pode ser que você tenha a sorte de ter amigos que o ajudem a se conscientizar do que acontece dentro de você. Caso contrário, ou até adquirir bastante prática, é sempre possível sair de cena por algum tempo. Podemos dizer ao outro: "Preciso de um tempo. Se eu disser qualquer coisa agora talvez fique mais difícil para nós dois conseguirmos atender a nossas necessidades". Esse é o momento para ir até algum lugar e ficar sozinho em contato com as necessidades por trás dos julgamentos que estão nos deixando com raiva. Em seguida, podemos voltar para a interação com o outro.

Depois de praticar tempo suficiente para lidar com a raiva desse modo, muitas vezes ajuda se, de nossa parte, demonstrarmos compreensão empática quanto aos motivos que levaram a outra pessoa a agir como agiu. Se conseguirmos nos conectar dessa forma **antes** de nos expressarmos, será ainda melhor.

Para conseguir lidar com a raiva da maneira como descrevi, é essencial ter a habilidade de identificar o julgamento que nos dá raiva e rapidamente traduzi-lo na necessidade por trás do julgamento. Pode-se desenvolver a habilidade de fazer isso depressa o suficiente para aplicar em situações da vida real se praticarmos a identificação dos julgamentos e sua tradução em necessidades.

Um exercício que recomendo é fazer uma lista dos tipos de julgamento que costumamos fazer quando estamos com raiva. Pense na última vez em que ficou com raiva, pergunte a si mesmo e escreva o que estava pensando e como isso provocou sua raiva.

Quando tiver um inventário das coisas que costumam passar pela sua cabeça em diferentes situações que lhe dão raiva, faça uma revisão dessa lista investigando quais eram as necessidades que estavam se manifestando através desses julgamentos. Quanto mais tempo gastarmos fazendo estas traduções de julgamentos para necessidades, mais fácil será usar esse procedimento para expressar a raiva com rapidez em situações da vida e em tempo real.

Punição e raiva

No contexto da discussão sobre a raiva é proveitoso abordar o conceito de punição. Os pensamentos que nos levam a ficar com raiva envolvem ideias de que as pessoas merecem sofrer pelo que fizeram. Em outras palavras, trata-se de uma mentalidade imbuída de julgamentos moralistas a respeito das pessoas, que imputa a elas erro, irresponsabilidade, inadequação. Em sua origem, esse tipo de julgamento subentende que as pessoas não deveriam ter feito o que fizeram e que merecem algum tipo de condenação ou punição por seus atos.

É possível perceber que a punição não irá atender nossas necessidades de modo construtivo se fizermos duas perguntas a nós mesmos. A primeira é: **O que queremos que a pessoa faça, diferente do que ela está fazendo agora?** Se a questão for colocada dessa maneira, às vezes pode parecer que a punição funciona, pois talvez consigamos que uma criança pare de bater na irmã se a punirmos por isso. Digo que "pode parecer" que o castigo funciona porque o próprio ato de punir alguém pelo que fez pode estimular o antagonismo e levar essa pessoa a continuar o comportamento por ressentimento ou raiva. A pessoa castigada continua a se comportar daquele modo, e mantém esse comportamento por mais tempo do que se não tivesse sido punida.

Mas, ao acrescentarmos um segundo questionamento, tenho certeza de que veremos claramente que a punição nunca funciona no sentido de atender nossas necessidades, pois queremos que elas sejam atendidas por motivos pelos quais não vamos nos arrepender mais tarde. A segunda pergunta é: **Que motivação queremos que a outra pessoa tenha para se comportar da maneira que desejamos?**

Ao nos questionarmos dessa maneira, penso que enxergaremos que jamais desejaríamos que os outros fizessem algo por medo de punição. Não queremos que as pessoas façam as coisas por obrigação ou dever, por culpa ou vergonha, ou para comprar afeto. Apelando para nossa consciência, veremos que desejamos que as pessoas as façam por vontade própria, por perceber que aquilo enriquecerá sua vida. Qualquer outra motivação pode criar condições que no futuro dificultarão o comportamento compassivo em relação aos outros.

Matar é algo muito "superficial"

Um dos meus objetivos é mostrar como o processo da Comunicação Não Violenta nos ajuda a expressar a raiva de modo plenamente satisfatório. É muito importante esclarecer esse ponto em todos os grupos com que trabalho, pois em geral sou convidado a falar em diversos países para grupos de pessoas que estão se sentindo muito oprimidas, discriminadas, e que desejam aumentar o seu poder para mudar a situação. Com frequência tais grupos se preocupam quando ouvem a expressão Comunicação Não Violenta, pois foram expostos a ensinamentos religiosos ou de outra natureza que pregam a supressão da raiva, que recomendam que se fique calmo e aceite o que quer que esteja acontecendo. Por causa disso, desconfiam de qualquer ideia sugestiva de que sua raiva é algo ruim, algo de que precisam se livrar. É um alívio para essas pessoas quando percebem que o processo do qual estou falando não procura de modo algum suprimir a raiva, reprimi-la ou sufocá-la. Ao invés disso, a CNV permite a expressão total da raiva.

Já disse isso em outras ocasiões, mas repito que, para mim, matar uma pessoa é algo muito "superficial".

Na minha visão qualquer desses comportamentos – matar, culpar, punir ou ferir os outros – são formas muito superficiais de expressar a raiva. É preciso algo muito mais forte do que matar ou ferir os outros física ou mentalmente. Isto não basta. Desejamos algo muito mais poderoso que possa expressar o que sentimos em sua plenitude.

O primeiro passo para expressar a raiva usando a Comunicação Não Violenta é isentar a outra pessoa de qualquer responsabilidade por nossa raiva. Como expliquei, isso significa livrar-se de todo tipo de pensamento que possa sugerir que ele ou ela, agindo de tal modo, me fez ficar com raiva. Ao pensar dessa forma, nos tornamos seres perigosos. E provavelmente não conseguiremos expressar plenamente o que sentimos. Ao contrário, expressaremos superficialmente a raiva culpando e punindo outras pessoas.

Quando trabalho com presidiários, em especial os que desejam punir os outros pelo que fizeram, mostro a eles que a vingança é um grito distorcido pedindo empatia. Quando imaginamos que queremos machucar os outros, na verdade nosso desejo é mostrar aos outros o quanto fomos magoados e como seu comportamento contribuiu para a nossa dor. A maioria dos presidiários com os quais trabalhei jamais recebeu empatia de alguém que os prejudicou. Fazer o outro sofrer é a única alternativa que conseguem imaginar para aliviar sua dor.

Certa ocasião demonstrei isso a um preso que me disse que queria matar um sujeito.

— Aposto que consigo sugerir uma coisa de que você vai gostar mais do que a vingança.

— Nem sonhando – respondeu o detento. — A única coisa que me manteve vivo nestes dois anos na cadeia foi o pensamento de sair e dar o troco àquele sujeito pelo que ele me fez. É a única coisa que quero no mundo. Depois disso, eles vão me colocar de volta na cadeia, mas tudo bem. Só quero sair e acabar com aquele sujeito.

— Aposto que consigo te mostrar algo mais gostoso do que isso.

— Não existe.

— Você me dá alguns minutos?

— Tenho tempo de sobra. Não vou a lugar nenhum por um bom tempo.

Gostei do senso de humor daquele sujeito. Por isso gosto de trabalhar com presidiários. Eles nunca saem correndo para tratar de compromissos externos.

— Então vou te mostrar uma alternativa que pode ser usada em vez de machucar as pessoas. Nós vamos conversar e eu gostaria que você fizesse o papel do seu inimigo.

— Ok.

MR (fazendo o papel do detento): Esse é meu primeiro dia fora da cadeia. Vim atrás de você, encontrei, e te agarrei.

Presidiário: Gostei do começo da história.

MR: Eu coloquei você numa cadeira e disse que você agora tem de repetir tudo que eu falar. Entendeu?

Presidiário (fazendo o papel do inimigo): Não, mas eu posso explicar!

MR: Fica quieto. Você ouviu o que eu disse? Você vai repetir tudo que eu disser, entendeu?

Presidiário: Entendi.

MR: Eu deixei você morar na minha casa e te tratei como um irmão, e te sustentei por oito meses, e daí você fez aquilo comigo. Fiquei tão revoltado que mal me aguentava. [Eu tinha ouvido o detento contar a história várias vezes, e não foi difícil fazer o seu papel.]

Presidiário: Mas, eu posso explicar!

MR: Fica quieto e repete o que eu falei.

Presidiário: Depois de tudo que você fez por mim, você ficou muito chateado. Você não esperava que eu fizesse aquilo.

MR: E você sabe o que é ficar dois anos com raiva, dia e noite, sentindo que a única coisa boa era ficar pensando em acabar com você?

Presidiário: Eu acabei com a sua vida e a única coisa que você tinha para fazer era ser consumido pela raiva durante estes dois anos.

Continuamos com esse diálogo por alguns poucos minutos e então o detento ficou muito emocionado e disse:

— Pare, já basta. Você tem razão. É isso que eu quero.

Na minha próxima visita ao presídio, um mês depois, um outro homem estava me esperando no portão. Ele andava de lá para cá e falou:

— Ei, Marshall, se lembra da última vez, você disse que quando pensamos que gostamos ou queremos machucar as pessoas, na verdade, nossa necessidade é de que elas compreendam o quanto sofremos?

— Sim, eu me lembro – respondi.

— Será que você pode repetir tudo de novo, bem devagar? Em três dias vou sair daqui, e se aquilo não ficar bem claro na minha cabeça, alguém vai sofrer.

Portanto, meu diagnóstico é este: qualquer pessoa que goste de fazer os outros sofrer está, ela mesma, sendo exposta a muita violência, seja psicológica ou de outra natureza. E essas pessoas precisam de nossa empatia no tocante à imensa dor que carregam.

Vivências nas oficinas ministradas por Marshall

Nunca é demais reforçar esta premissa: o importante é lembrar que **o comportamento das outras pessoas nunca é a causa dos nossos sentimentos**. Por que nos sentimos desse modo? Acredito que nossos sentimentos são resultado de nossa maneira de interpretar o comportamento dos outros em dado momento. Se peço a você para me buscar às 18h e você aparece às 18h30, como me sinto? Depende de meu modo de ver esse fato. Sua chegada trinta minutos depois da hora marcada não é a causa do que sinto. A causa é o modo como escolherei interpretar o fato. Se eu escolher usar aquilo que chamo de "ouvidos julgadores" – que são ótimos para brincar de "quem está certo e quem está errado, de quem é a culpa" – então, com certeza, chegaremos à conclusão de que alguém é culpado.

Homem: Então você está dizendo que o modo como interpretamos o comportamento do outro, o significado que atribuímos a ele é o que causa nossos sentimentos?

MR: Exatamente. É isso mesmo. O modo como interpretamos o comportamento é uma parte dos nossos sentimentos.

Mas há um outro gancho para os sentimentos, que é justamente nossa outra opção. Podemos utilizar os "ouvidos da

CNV". Nesse caso, nossos pensamentos não ficam à procura de quem é o culpado; não usamos a mente para analisar onde está o erro, se na outra pessoa ou em nós mesmos.

Estes outros ouvidos nos ajudam a fortalecer os laços com a vida, a vida que acontece dentro de nós. Na minha visão, a vida interior pode ser mais bem compreendida ou revelada se enxergarmos claramente nossas necessidades. De que preciso nessa situação? Quando estou ligado nas minhas necessidades sinto coisas muito fortes, mas nunca tenho raiva. A raiva nasce de pensamentos que nos distanciam da vida, ideias que nos desconectam daquilo que realmente precisamos. A presença da raiva é sinal de que me alojei no pensamento racional e passei a analisar os erros da outra pessoa, sem conseguir me ligar às minhas próprias necessidades. O motivo da minha sensação de raiva, aqui e agora, é uma carência minha. Mas se não tenho consciência dessa necessidade, minha atenção se volta para a outra pessoa e o erro dela que impediu a satisfação das minhas necessidades.

Como vimos antes, se eu me conectar às necessidades da outra pessoa, jamais sentirei raiva. Não é que tenha **reprimido** a raiva. Simplesmente nunca cheguei a senti-la. Estou sugerindo que o modo como nos sentimos é resultado de uma escolha que fazemos, momento a momento, entre estas quatro opções: 1. ir para o racional e julgar a outra pessoa; 2. ir para o racional e julgar a nós mesmos; 3. ligar-se empaticamente às necessidades da outra pessoa; 4. ligar-se empaticamente às nossas próprias necessidades.

Esta escolha é o que determina nossos sentimentos. Por esse motivo, na Comunicação Não Violenta, a palavra "porque" vem sempre seguida da palavra "eu" e não da palavra "você". Por exemplo: "Eu estou com raiva porque **eu** _____". É um recurso para lembrar que o meu sentimento não é causado pelo que a outra pessoa fez, mas pela escolha que eu mesmo fiz.

É bom lembrar que, na minha visão, toda raiva é resultado de ideias que nos distanciam da vida e geram violência. Penso que toda raiva é "justa", no seguinte sentido: para expressar plenamente a raiva precisamos focar nossa consciência na necessidade que não está sendo atendida. Há uma carência ali. Há algo a ser reivindicado. Significa que esse sentimento é legítimo pois há uma necessidade desatendida. Precisamos de algo. É vital que se gere energia para conseguir satisfazer essa necessidade. No entanto, a raiva é uma distorção dessa energia, que ao invés de nos levar a agir de modo a satisfazer carências, nos leva a agir punitivamente e, nesse sentido, se trata de uma energia destrutiva.

Da filosofia à tática, chegando à prática

Gostaria de mostrar a vocês o aspecto mais tático do que filosófico do assunto que estamos tratando. Para explicar o que quero dizer por aspectos táticos, quero voltar ao exemplo do presidiário do qual tratamos antes. Não tentei convencê-lo a usar a CNV através de princípios filosóficos, mas com base em argumentos táticos.

Vejamos; quando ele disse que as autoridades não tinham respondido ainda à sua solicitação, eu perguntei:

—Certo. Então, o que o deixou com raiva?

—Já falei. Eles não responderam ao meu pedido.

Nesse ponto eu intervi.

— Espere um pouco. Não diga "Estou com raiva porque **eles**..." Pare e tome consciência do pensamento interno que **você** está tendo e que está te deixando com raiva.

Mas ele não tivera muito contato com filosofia ou psicologia, e não tinha experiência em descobrir o que estava acontecendo dentro dele mesmo. Portanto, eu ajudei.

— Pare. Não tenha pressa. Apenas escute o que sua cabeça está dizendo.

E então ele conseguiu perceber.

— Estou dizendo a mim mesmo que eles não têm nenhum respeito por outros seres humanos. São um bando de burocratas frios e que escondem a cara por trás de um cargo.

Ele estava prestes a continuar, mas eu interrompi.

— Pare. Isso é suficiente. É por isso que você está com raiva. Esse tipo de pensamento é o que está fazendo você ficar com raiva. Agora procure focar a atenção nas suas necessidades. De que você realmente precisa nesta situação?

Após refletir um pouco, ele respondeu.

— Marshall, eu preciso do treinamento que solicitei. Se não conseguir esse treinamento é garantido que quando sair da prisão não conseguirei um emprego, e acabarei de volta aqui na cadeia.

Mulher 1: O exemplo do presidiário e tudo que você está dizendo faz sentido para mim, mas tenho a sensação de que para conseguir fazer isso, teria que ser uma supermulher. Parece que a raiva é tão instantânea que para seguir todos esses passos mentais terei que ser alguém muito mais capaz do que de fato sou.

MR: A única coisa necessária é ficar quieto. Não é preciso nenhuma capacidade sobre-humana. Precisamos apenas não dizer nada para culpar o outro naquele momento, nem fazer nada para punir o outro. Ou seja, pare e não faça nada, respire e siga esses passos mentais. Mas em primeiro lugar, fique em silêncio – isso já é uma grande conquista!

Mulher 1: Mas no outro exemplo, o da pessoa que está meia hora atrasada... A pessoa nem chegou, eu estou em silêncio, mas estou fervendo, pensando: "Não acredito que ele não chegou ainda! Será que ele não lembra de nada que eu digo!", e os pensamentos não param.

MR: Estou sugerindo que nesse tempo de espera podemos fazer algumas coisas para aliviar a raiva e que também aumentarão as chances de termos nossas necessidades atendidas. Se você seguir os passos dos quais falamos, conseguirá pensar em algo para dizer e que aumentará a probabilidade de aquela pessoa chegar na hora da próxima vez. Quero esclarecer bem para não parecer algo sobre-humano. Para suprimir a raiva, aí sim, é preciso ser um super-homem. O que realmente queremos nesse caso é manter a conexão com a vida momento a momento, ao mesmo tempo colocando nossa atenção na vida que acontece dentro dos outros.

Exemplo da raiva de uma mulher

Mulher 2: A situação que enfrentei foi a seguinte: eu estava conversando com alguém e chegou uma terceira pessoa que começou a falar com o meu interlocutor sem se dirigir a mim, e depois fez um comentário dando a entender que eles prefeririam que as pessoas da comunidade fossem brancas.

MR: Sim.

Mulher 2: Fiquei com raiva, pois não pude satisfazer minha necessidade de continuar a desfrutar da conversa.

MR: Espere um pouco. Duvido disso. Não acredito que esse seja a causa de sua raiva. Veja bem, não ficamos com raiva simplesmente porque nossas necessidades não foram atendidas. Aposto que você ficou com raiva porque naquele momento teve certos pensamentos a respeito daquela pessoa que entrou na conversa. Pedirei a você que tome consciência das coisas que sua cabeça lhe disse naquele momento e que causaram a raiva. Vejamos: Chega alguém e diz que preferia que a comunidade fosse só de pessoas brancas, e não fala com você; qual a causa da sua raiva? O que você pensou naquele momento?

Mulher 2: Pensei "O que este homem está pensando, se intrometendo na minha conversa?"

MR: Reflita sobre o que está por trás dessa pergunta. O que você acha de uma pessoa que faz isso?

Mulher 2: O que eu acho dele?

MR: Exatamente.

Mulher 2: Bem, não é uma coisa muito boa.

MR: Mas penso que a resposta está aí. Não estou querendo que você tenha pensamentos ruins, só quero que tome consciência do que acredito estar aí dentro de você. Provavelmente é algo que aconteceu muito rápido.

Mulher 2: Não, imediatamente eu me senti excluída.

MR: Bem, estamos chegando perto. Você interpretou a atitude dele como uma exclusão. Veja que "exclusão" não é um sentimento.

Mulher 2: Sim.

MR: É uma interpretação. É como "abandono". "Estou me sentindo abandonado." "Estou me sentindo ignorado." Portanto, isso é mais uma imagem – você teve essa imagem de ter sido excluída. O que mais se passou lá dentro de você?

Mulher 2: Acho que foi mais do que uma imagem, porque eles estavam fazendo contato visual e conversando e não estavam falando comigo.

MR: Há cerca de vinte maneiras de interpretar essa situação, e a sua exclusão é apenas uma das hipóteses. Cada uma dessas possíveis interpretações pode ter um grande impacto no modo como você se sente. Que outros pensamentos você teve naquele momento?

Mulher 2: Bem, tive pensamentos associados com as ocasiões em que as pessoas usam a palavra "branco".

MR: Ótimo. Que imagem se forma na sua mente quando você ouve alguém usando a palavra "branco" dessa maneira? Especialmente quando não olham para você e olham para os outros.

Mulher 2: O que pensei é que quando dizem "branco" não estão se referindo a mim.

MR: Estão te excluindo.

Mulher 2: E de fato o comportamento e a linguagem corporal dele também passaram a mesma mensagem.

MR: Portanto, você acha que estão te excluindo por motivos raciais? O que você pensa de pessoas que fazem isso?

Mulher 2: Sim, acho mesmo, sabe...

MR: É aí que estou tentando chegar, percebe? Acredito que esses pensamentos foram estimulados naquele momento por aquela atitude, e isso é o que fez surgir a raiva.

Mulher 2: Acredito que sim. Acho que foi isso e mais o fato de ter sido de fato excluída.

MR: Não, na realidade você não estava sendo excluída – isso foi uma interpretação. O fato, este que pode ser observado, é que aquele homem fez contato visual com os outros. O fato é esse. Se você interpreta isso como exclusão, como racismo, ou como a pessoa estando com medo de você – tudo isto são interpretações. O fato é que ele não olhou para você. O fato é que ele disse algo sobre "branco". Esses são os fatos. Mas se você interpreta como exclusão, de imediato você provoca diversos sentimentos que não surgiriam se a interpretação fosse outra.

Mulher 3: Então, como ela poderia lidar com a situação? A linguagem corporal é de exclusão, a conversa a excluiu. Então, como ela conseguiria cuidar de suas necessidades?

MR: Se o objetivo dela fosse expressar plenamente seus

sentimentos, eu sugeriria que ela tomasse consciência daquilo com que estamos lutando para descobrir agora. Que ela tomasse consciência dos pensamentos que teve e que a deixaram furiosa. Nesse caso acredito que temos mais ou menos a seguinte situação: ela ficou com raiva porque imediatamente pensou que estava sendo excluída por motivos raciais. Isto desencadeou nela todo tipo de pensamentos – de que isso é errado, de que não se deve excluir os outros por motivos raciais. Será que é isso que está no fundo dos seus sentimentos?

Mulher 2: Sim, acho que isso veio em seguida. Naquele momento eu me senti invisível, surpresa e confusa. Não entendi por que aquilo estava acontecendo.

MR: Certo. Então sua primeira reação não foi julgar a outra pessoa. Num primeiro momento você ficou surpresa e confusa. Queria compreender por que aquilo estava acontecendo. E logo vieram os pensamentos.

Mulher 2: E aí começou a surgir a raiva.

MR: A raiva veio porque ela começou a construir algumas hipóteses para explicar a situação. E agora chegamos à parte que queremos expressar plenamente, essa raiva que vem da seguinte interpretação: "Acho que estou sendo excluída por motivos raciais, não gosto nada disso. É racismo e não é justo. As pessoas não deveriam ser excluídas por esse motivo". É esse o tipo de pensamento que surge.

Mulher 2: Sim.

MR: Certo, esse é o segundo passo. O primeiro passo foi silenciar e identificar internamente os pensamentos que dão causa à raiva; em seguida conectar-se com as necessidades por trás desses pensamentos. Portanto, quando você diz a si mesma: "As pessoas não deveriam ser excluídas por motivos raciais, é injusto, é racismo" – sugiro que todos os julgamentos (e "racista" é um bom exemplo disso) são expressões trágicas de necessidades desatendidas. Qual a necessidade por trás do julgamento "racista"? Se eu julgo uma pessoa como sendo racista, qual seria a minha carência? Desejo inclusão, quero que exista igualdade. Preciso ser tratado com o mesmo respeito e consideração prestado a todos os outros. Ora, para expressar completamente a minha raiva abrirei a boca para dizer isso – pois agora a raiva foi traduzida em necessidades e os sentimentos ligados a elas. No entanto, agora fica bem mais assustador expressar esses sentimentos vinculados à minha carência – veja bem, eles são mais difíceis de expressar do que a raiva.

Não é difícil dizer "Você falou algo bem racista". Há certo prazer em fazer isso. Mas me apavora ir ao fundo do que está por trás disso, pois esses sentimentos relacionados ao racismo são profundos e causam medo. Mas dizer isso é expressar plenamente a raiva. Portanto, nesse momento eu poderia abrir a boca para dizer à pessoa: "Quando você chegou agora há pouco e começou a falar com os outros sem se dirigir a mim, e quando ouvi seu comentário sobre 'brancos', senti minhas entranhas revirarem e fiquei com muito medo. Isso disparou em mim uma necessidade grande de ser tratada com igualdade. Gostaria que você me dissesse o que sente ao ouvir isso".

Mulher 2: Na verdade, tive mais ou menos essa conversa com a pessoa. E parte da minha frustração e raiva, que não consigo superar, é que só consegui dizer isso, mas parece que há todo um mundo de experiências e sensações que não chegou a ser compreendido.

MR: Então, se é que entendi corretamente o que você está dizendo, você teme que a pessoa não conseguiu fazer a conexão e compreender tudo que aquela interação representou para você, a experiência total do que aquilo foi para você.

Mulher 2: Isso mesmo. E tem um acúmulo de anos, entende, de algo que eu poderia chamar de ódio acumulado por causa dessa divisão.

Como conseguir que os outros compreendam nossos sentimentos e necessidades

Queremos que a outra pessoa entenda. Portanto, para expressar a raiva não basta apenas dizer quais os meus sentimentos profundos por trás dela, tenho que conseguir que a pessoa sinta o que eu sinto.

É preciso desenvolver algumas habilidades para conseguir fazer isso, para conseguir que a pessoa compreenda de fato. O melhor caminho para chegar a esse tipo de empatia é, em primeiro lugar, oferecer àquela pessoa o mesmo grau de compreensão, e para isso é preciso adquirir certas habilidades. Quanto mais eu me ligar empaticamente àquela pessoa e compreender por que agiu daquela forma, maior a probabilidade de conseguir que depois ela faça o mesmo que eu e se conecte empaticamente a mim, dando ouvidos à profundidade da minha experiência. Não é fácil ouvir essas coisas. Então, se quero que a pessoa me ouça, é necessário primeiro oferecer empatia. Permita-me dar um exemplo de como agir numa situação assim.

Nos últimos trinta anos trabalhei muito com o racismo, pois comecei a usar a CNV em meio a pessoas que tinham posições raciais bastante radicais. Infelizmente, até o dia de hoje, em muitos países onde atuei, essa é a questão que mais preocupa os cidadãos. Em vários países do mundo os skinheads e outros grupos neonazistas são um risco à segurança dos transeuntes. É uma questão grave, e precisamos realmente nos capacitar para conseguir que tais pessoas compreendam bem.

Certa ocasião, eu estava numa lotação junto com uma outra pessoa. Era de manhã cedo. O motorista nos apanhou no aeroporto para nos levar ao centro da cidade. No comunicador do táxi ouvimos um chamado da central: "Busque o Sr. Fishman na sinagoga da rua tal". O homem que estava ao meu lado disse: "Esses judeus acordam bem cedo para tirar dinheiro de todo mundo".

Comecei a soltar fogo pelas ventas. Acredite. Muito menos do que isso já consegue me levar às raias da loucura. No passado minha reação seria agredir fisicamente essa pessoa. Portanto, durante vinte segundos, respirei fundo e ofereci empatia a mim mesmo pela dor, o medo e a ira, e tudo o mais que estava acontecendo dentro de mim. Ou seja, eu ouvi aquilo, tomei consciência de que a raiva não vinha daquela pessoa, do que ele falou. Minha raiva, meu medo profundo, não poderiam ter nascido daquelas palavras. A causa estava muito mais fundo.

Eu sabia que não tinha nada a ver com o comentário dele – aquilo apenas acionou em mim um gatilho que me fez querer explodir como um vulcão. Então, tomei certa distância e fiquei assistindo ao teatro de julgamentos que acontecia na minha mente. Desfrutei as imagens mentais de eu arrancando e espatifando a cabeça dele no chão, mas depois, as primeiras palavras que saíram da minha boca foram para perguntar o que ele estava sentindo e precisando. Quis oferecer empatia a ele. Por quê? Porque queria que ele entendesse de verdade. Queria que ele sentisse o que aconteceu dentro de mim quando ele falou aquilo. Mas aprendi que, quando preciso que a outra pessoa entenda de fato o que estou sentindo, ela não conseguirá escutar se estiver passando por uma tempestade interna própria.

Por isso é necessário fazer a conexão com aquela pessoa e demonstrar empatia respeitosa pela energia de vida por trás daquele comentário dela. Minha experiência me mostrou que quando faço isso, a pessoa consegue ouvir o meu lado. Não é fácil, mas ela ouve.

Portanto, disse a ele:

— Parece que você teve experiências ruins com judeus.

— Tive. Sabe, essa gente é terrível, fazem qualquer coisa por dinheiro – retrucou, olhando para mim.

— Parece que você desconfia muito deles e sente que precisa se proteger financeiramente quando encontra com um deles.

— Isso mesmo – e ele continuou nessa linha de pensamento, e eu continuei ouvindo.

Quando colocamos nossa atenção nos sentimentos e necessidades da outra pessoa, não há conflito. Isto porque se trata apenas dos sentimentos e necessidades dele. Quando ouço que ele tem medo e precisa se proteger eu entendo pois também tenho esses sentimentos e necessidades. Eu sei o que é ter medo. Também preciso me proteger. Quando minha consciência acessa os sentimentos e necessidades de outro ser humano, eu percebo a universalidade da nossa experiência. Tenho um grande conflito com aquilo que vai pela cabeça dele, seu modo de pensar, e gosto muito mais das pessoas quando não sei o que estão pensando. Mas aprendi, especialmente com gente que tem essa mentalidade, que desfruto melhor a vida se prestar mais ouvidos ao que acontece no coração dessas pessoas, ao invés daquilo que sua cabeça produz. De modo que em alguns minutos aquele sujeito estava pondo para fora toda sua tristeza e frustração. Sem parar, ele esqueceu os judeus e começou a falar dos negros e depois de outros grupos de pessoas. Ele sofria muito por causa de muitas coisas.

Por fim, depois de eu o ter escutado por cerca de dez minutos, ele parou. Ele se sentiu compreendido. Nesse momento eu disse a ele o que se passou dentro de mim:

— Sabe, quando você começou a falar senti uma grande frustração, desalento, porque minha experiência com judeus é muito diferente da sua, e gostaria muito que você vivesse experiências mais parecidas com as minhas. Você poderia me dizer o que acabei de falar?

— Bem, escute, não estou dizendo que todos eles são...

— Me desculpe. Espere, espere. Você pode me contar o que me escutou dizer?

— Como assim?

—Vou tentar dizer novamente. Gostaria que você me escutasse, realmente sentisse a dor que senti quando você fez aquele comentário. É muito importante para mim que você entenda. Eu disse que estava realmente muito triste porque tive experiências muito diferentes da sua com judeus, e gostaria que você tivesse experiências diferentes daquelas que teve no passado. Será que pode repetir isso que acabei de falar?

— Bem, você está dizendo que não tenho direito de falar aquilo.

— Não, de modo algum quero que se sinta culpado. Não tenho nenhuma vontade de fazer você se sentir culpado. Vejam que ele não está conseguindo compreender. Mesmo que ele dissesse "Foi horrível o que eu falei, foi racista, eu não deveria ter dito isso", ainda assim ele não teria compreendido. Se ele está escutando que fez algo de errado, ele não entendeu. Quero que ele sinta a dor que surgiu no meu coração diante do comentário dele. Quero que ele perceba quais as minhas necessidades que ficaram desatendidas quando ele disse aquilo. Não quero culpá-lo. Isso seria fácil demais.

Portanto, há muito trabalho a fazer para conseguir que o outro escute o nosso coração. É preciso puxar a pessoa julgadora pelas orelhas, pelo seguinte motivo: as pessoas que julgam não estão acostumadas a escutar sentimentos e necessidades. Elas se habituaram a escutar acusações de culpa, e então duas coisas podem acontecer: ou elas concordam e se odeiam, o que não as impede de continuar agindo da mesma forma; ou elas discordam e te odeiam por chamá-las de racistas, o que não as impede de prosseguir no mesmo comportamento. Portanto, esse é o significado de precisar que a outra pessoa **realmente** compreenda.

É provável que vocês tenham que escutar a dor do outro por um bom tempo. Confesso que antes de conseguir escutar a dor dessas pessoas, tive que trabalhar sobre mim mesmo por anos a fio. Foi bastante trabalho!

Mulher 2: Ainda sinto que quero ser capaz de me proteger, ou seja, se eu pudesse escolher, simplesmente preferiria não interagir com aquela pessoa. Mas como eles entraram no meu espaço, eu me envolvi, e não entendi bem o que você está tentando dizer.

MR: O que estou tentando colocar é que, se quero expressar plenamente a raiva diante da outra pessoa, eu o faria seguindo essas etapas. No entanto, não estou dizendo que eu sempre queira expressar plenamente minha raiva para a outra pessoa. Às vezes pode ser que minha necessidade seja de sair e falar com um terceiro sobre isso. Ignorar o indivíduo que disse aquilo. Contudo, se minha necessidade fosse a de me expressar plenamente, ofereceria a empatia necessária para que a pessoa conseguisse ouvir em profundidade os meus sentimentos e necessidades diante do comportamento dele.

Essa foi a melhor maneira que encontrei para expressar totalmente a raiva, para que aquela pessoa realmente sinta a profundidade do que acontece dentro de mim. Como você mesma disse, não basta apenas pôr para fora. É preciso que o outro compreenda, que ouça, que sinta empatia. Não significa que os outros devam concordar, nem mesmo precisem mudar de comportamento, mas a necessidade é de que escutem o que vai no meu íntimo.

Em suma, durante vinte segundos fui invadido por toda uma vida inteira de lembranças que passaram pela minha mente – e eu simplesmente fiquei assistindo.

Mulher 3: Como você consegue?

Desfrutando o espetáculo de julgamentos na sua cabeça

Vou contar um caso para que saibam como isso acontece

dentro de mim. Há algum tempo eu estava em um país estrangeiro e certa pessoa começou a me atacar duramente, cheia de julgamentos. A pessoa falava sem parar, me acusando.

— Parece que você está muito contrariado porque gostaria que tal coisa acontecesse.

— Sim – respondeu; e continuou com mais acusações.

— Você sente grande mágoa porque gostaria que tal e tal?

E essa interação continuou por um bom tempo e quando acabou, uma mulher admirou-se:

— Marshall, nunca vi uma pessoa mais compassiva que você. Se alguém se dirigisse a mim dessa forma, eu teria lhe dado um murro na cara. Como você consegue?

E eu contei a ela tudo o que se passou dentro de mim naquela hora:

— Lembra-se daquela primeira acusação? Minha cabeça disse: "Se você não calar a boca vou enfiar sua cabeça no seu #$%@". E depois ainda piorou. Comecei a ver algumas imagens bem radicais e então percebi que as acusações daquela pessoa se pareciam muito com algumas gozações que sofri quando era criança. Percebi que, por trás da minha reação, havia muito medo e coisas desse tipo. Fui do ódio e do desejo de ser violento à consciência da humilhação que havia por trás disso. Parei e escutei. Quando cheguei à humilhação, o medo de ser humilhado, senti um alívio físico. E só então consegui fazer aquilo que você viu, ou seja, deslocar minha atenção e focá-la nos sentimentos e necessidades daquela pessoa. Você se lembra da segunda acusação?

Quando contei a ela qual tinha sido a minha primeira reação, os olhos da mulher ficaram muito arregalados. Ela então declarou:

— Não sabia que você era tão violento, Marshall!

Portanto, aos olhos daquela mulher, passei de muito compassivo a muito violento no espaço de apenas algumas falas. As duas coisas estão presentes. Há dentro de mim uma quantidade imensa de violência por causa de condicionamentos culturais e outros fatores. Portanto, eu observo isso. Quando fico com raiva, dou um passo para trás e assisto ao filme violento que está passando na minha mente. Ouço as falas violentas que passam pela minha cabeça. Vejo as barbaridades que gostaria de fazer com aquela pessoa. E então ouço o sofrimento que está por trás disso. Quando chego a essa dor subjacente, há sempre um alívio, um relaxamento.

Nesse momento consigo voltar minha atenção para a humanidade da outra pessoa. Não estou mais reprimindo nada. Muito pelo contrário, estou desfrutando o espetáculo de violência que acontece na minha cabeça.

Mulher 4: É apenas uma questão de não agir de acordo com o que a violência pede.

MR: Não ajo violentamente porque fazer isso seria muito "superficial". Se eu reagir imediatamente acusando a outra pessoa, jamais chegarei à dor que está por trás disso. Não conseguirei expressar plenamente minhas necessidades, nem a outra pessoa compreenderá. Haverá uma briga e sabemos como isso termina. Mesmo se eu ganhar, não me sentirei bem. Portanto, prefiro expressar integralmente o que estou sentindo.

Não tenha pressa

Mulher 5: Você mencionou antes que este é um processo demorado. Disse que é preciso tempo, que dedica tempo a oferecer empatia a si mesmo. Bem, quando estamos conversando, sabe, para lidar com essas questões, me parece que você tem que dizer à outra pessoa: "Espere um pouco. Preciso pensar antes de responder". Quero dizer, para poder pensar com calma antes de falar.

MR: Sim. Na minha carteira tenho a foto do filho de um amigo meu. Ele foi morto numa batalha no Líbano e a foto foi tirada um pouco antes de seu falecimento. Guardo a foto dele até hoje porque nela o rapaz está vestindo uma camiseta com os dizeres "Não tenha pressa". Esse é um símbolo muito poderoso para mim. Provavelmente foi a parte mais importante no meu aprendizado do processo da CNV – aprender a viver segundo esses princípios. Não tenha pressa. Às vezes, parece um pouco estranho, mas para mim significa a minha vida. Estou dedicando tempo a viver a vida do modo como desejo. Pode ser que eu passe por tolo às vezes.

Um amigo meu, Sam Williams, escreveu esse processo num cartão de visitas em branco que ele usava como uma "colinha" no trabalho. Foi dele que tiramos a ideia de fazer os cartões[*]. O chefe se dirigia a ele de modo julgador e ele demorava. Parava, olhava para o cartão que segurava na mão para se lembrar de como devia responder. Uma vez perguntei a ele: "Sam, as pessoas não te acham meio esquisito quando você olha para sua mão e demora para falar?". Ele me disse: "Na verdade, nem demora tanto assim, mas não me importo. Quero realmente ter certeza de que estou respondendo do modo como desejo responder". Mas em casa ele foi bem explícito. Explicou para a mulher e os filhos por que ele consultava o cartão e disse que "pode parecer estranho e talvez eu demore muito para responder, mas estou fazendo isso por tais e tais razões". Quando surgiam brigas em casa, ele puxava o cartão e demorava para responder. Depois de um mês de prática ele se sentiu seguro para deixar de usar o cartão. E então, certa noite,

---

[*] Cartões comercializados pelo Center for Nonviolent Communication.

ele e seu filho Scotty (de quatro anos de idade) começaram a discutir por causa da televisão. Quando parecia que as coisas não estavam caminhando bem, Scotty disse: "Pai, pega o cartão".

Um convite

Para aqueles que estão lendo a transcrição deste seminário, o que fica faltando é a partilha de tempo e espaço com um instrutor de CNV. O poder, calor e intensidade da mensagem são amplificados quando se participa de um curso presencial. A interação com o público ao vivo soma perspectiva ao processo de aprendizado de um modo que é difícil igualar na escrita. Procure um instrutor capacitado ou acesse o **www.cnvc.org** onde encontrará oportunidades de treinamento e uma lista de apoiadores no mundo todo.

Para uma lista de materiais, áudios, cds, livros e outros recursos, visite **www.cnvc.org** e para mais informações visite **www.nonviolentcommunication.com**.

Pílulas sobre a raiva

- O modo como escolho enxergar a situação afetará em grande medida o meu poder de mudar ou piorar as coisas.
- Nada que a outra pessoa diga pode provocar a raiva em nós.
- Todos os pensamentos que envolvam a palavra "deveria" são geradores de violência.
- Não penso que ficamos com raiva porque nossas necessidades não foram atendidas. Ficamos com raiva porque julgamos os outros.
- A raiva é um sentimento natural criado por pensamentos não naturais.

- Não é errado julgar os outros... o importante é ter consciência de que o julgamento é o que gera a raiva.

- Mesmo se você não disser em voz alta o julgamento, seus olhos revelam esse tipo de pensamento.

- Use as palavras "Eu sinto isso porque eu..." para se lembrar de que as ações da outra pessoa não são a causa da sua raiva, a causa é a escolha que você fez.

- A meu ver a vida que acontece dentro de nós pode ser percebida mais claramente pela observação das nossas necessidades. Pergunte a si mesmo: "Qual é a minha necessidade nesta situação?".

- Quando estou conectado com minhas necessidades, tenho sentimentos fortes, mas nunca sinto raiva. Vejo toda raiva como resultado de pensamentos provocantes, violentos, alienados da vida.

- Matar as pessoas é muito "superficial". Para mim, matar, culpar ou ferir os outros são formas muito superficiais de expressão da raiva.

- Nosso objetivo é manter a atenção, momento a momento, focada na vida que acontece dentro de nós. Quais são nossas necessidades neste momento, e o que está vivo nos outros?

- A tristeza é um sentimento que nos move na direção da satisfação de nossas necessidades. A raiva é um sentimento que nos leva a culpar e punir os outros.

- Expressar plenamente a raiva significa não apenas comunicar os sentimentos profundos subjacentes a ela, mas fazer com que o outro de fato entenda o que sinto.

- Expressar plenamente a raiva significa concentrar toda a consciência na necessidade não atendida.

- A melhor maneira de conseguir que o outro compreenda é

compreender de fato o outro. Se desejo que os outros escutem meus sentimentos e carências, preciso antes oferecer empatia.

- Quando ofereço a empatia que o outro precisa, percebo que é mais fácil conseguir que me ouçam.
- A raiva é um sentimento muito valioso dentro da CNV. É um chamado de alerta. Ela mostra que estou pensando de uma maneira que certamente não conseguirá satisfazer minhas necessidades. Por quê? Porque minha energia não está conectada às minhas necessidades, sequer estou ciente de quais sejam minhas necessidades quando estou com raiva.

OS QUATRO COMPONENTES DA CNV

Expressar, objetivamente, como **eu estou**, sem culpar ou criticar.	Receber, empaticamente, como **você está**, sem ouvir recriminações ou críticas.
OBSERVAÇÕES	
1. O que eu observo (*vejo, ouço, lembro, imagino, livre de minhas avaliações*) que contribui, ou não, para o meu bem-estar: "*Quando eu (vejo, ouço, ...) ...*"	1. O que você observa (*vê, ouve, lembra, imagina, livre de suas avaliações*) que contribui, ou não, para o seu bem-estar: "*Quando você (vê, ouve, ...) ...*" (*Coisas que recebemos empaticamente, mesmo que não tenha sido dito dessa forma.*)
SENTIMENTOS	
2. Como eu me sinto (*emoção ou sensação em vez de pensamento*) em relação ao que observo: "*Eu me sinto ...*"	2. Como você se sente (*emoção ou sensação em vez de pensamento*) em relação ao que você observa: "*Você se sente ...*"
NECESSIDADES	
3. Do que eu preciso ou o que é importante para mim (*em vez de uma preferência ou de uma ação específica*) – a causa dos meus sentimentos: "*... porque eu preciso de / porque é importante para mim ...*"	3. Do que você precisa ou o que é importante para você (*em vez de uma preferência ou de uma ação específica*) – a causa dos seus sentimentos: "*... porque você precisa de / porque é importante para você ...*"
Faço um pedido claro, sem exigir, de algo que enriqueceria **minha** vida.	Recebo empaticamente o seu pedido de algo que enriqueceria **sua** vida, sem ouvir como uma exigência.
PEDIDOS	
4. As ações concretas que eu gostaria que ocorressem: "*Você estaria disposto/a ...?*"	4. As ações concretas que você gostaria que ocorressem: "*Você gostaria de ...?*" (*Coisas que recebemos empaticamente, mesmo que não tenha sido dito dessa forma.*)

OUVIR   FALAR

LISTA DE ALGUNS SENTIMENTOS UNIVERSAIS

Sentimentos quando as necessidades estão atendidas:

- admirado
- agradecido
- aliviado
- animado
- comovido
- confiante
- confortável
- curioso
- emocionado
- esperançoso
- feliz
- inspirado
- motivado
- orgulhoso
- otimista
- realizado
- revigorado
- satisfeito
- seguro
- surpreso

Sentimentos quando as necessidades não estão atendidas:

- aborrecido
- aflito
- assoberbado
- confuso
- constrangido
- decepcionado
- desanimado
- desconfortável
- frustrado
- impaciente
- impotente
- intrigado
- irritado
- nervoso
- preocupado
- relutante
- sem esperança
- solitário
- triste
- zangado

LISTA DE ALGUMAS NECESSIDADES UNIVERSAIS

Autonomia
- escolher sonhos/propósitos/valores
- escolher planos para realizar os próprios sonhos, propósitos, valores

Bem-estar físico
- abrigo
- água
- ar
- comida
- descanso
- expressão sexual
- movimento, exercício
- proteção contra ameaças à vida: vírus, bactérias, insetos, animais predadores
- toque

Celebração
- celebrar a criação da vida e os sonhos realizados
- lamentar perdas: de entes queridos, sonhos etc. (luto)

Comunhão espiritual
- beleza
- harmonia
- inspiração
- ordem
- paz

Integridade
- autenticidade
- criatividade
- sentido
- valor próprio

Interdependência
- aceitação
- acolhimento
- amor
- apoio
- apreciação
- compreensão
- comunidade
- confiança
- consideração
- contribuição para o enriquecimento da vida
- empatia
- honestidade (a honestidade que nos permite tirar um aprendizado de nossas limitações)
- proximidade
- respeito
- segurança emocional

Lazer
- diversão
- riso

Sobre a Comunicação Não Violenta

Do dormitório às altas esferas de decisão empresarial, da sala de aula à zona de guerra, a CNV está mudando vidas todos os dias. Ela oferece um método eficaz e de fácil compreensão que consegue chegar nas raízes da violência e do sofrimento de um modo pacífico. Ao examinar as necessidades não atendidas por trás do que fazemos e dizemos, a CNV ajuda a reduzir hostilidades, curar a dor e fortalecer relacionamentos profissionais e pessoais. A CNV está sendo ensinada em empresas, escolas, prisões e centros de mediação no mundo todo. E está provocando mudanças culturais pois instituições, corporações e governos estão integrando a consciência própria da CNV às suas estruturas e abordagens de liderança.

A maioria tem fome de habilidades que melhorem a qualidade dos relacionamentos, aprofundem o sentido de empoderamento pessoal, ou mesmo contribuam para uma comunicação mais eficaz. É lamentável que tenhamos sido educados desde o nascimento para competir, julgar, exigir e diagnosticar – pensar e comunicar-se em termos do que está "certo" e "errado" nas pessoas. Na melhor das hipóteses, as formas habituais de falar atrapalham a comunicação e criam mal-entendidos e frustração. Pior, podem gerar raiva e dor, e levar à violência. Inadvertidamente, mesmo as pessoas com as melhores intenções acabam gerando conflitos desnecessários.

A CNV nos ajuda a perceber além da superfície e descobrir o que está vivo e é vital em nós, e como todas as nossas ações se baseiam em necessidades humanas que estamos tentando satisfazer. Aprendemos a desenvolver um vocabulário de sentimentos e necessidades que nos ajuda a expressar com mais clareza o que está acontecendo dentro de nós em qualquer momento. Ao compreender e reconhecer nossas necessidades, desenvolvemos uma base partilhada que permite relacionamentos muito mais satisfatórios.

Junte-se aos milhares de pessoas do mundo todo que aprimoraram seus relacionamentos e suas vidas por meio desse processo simples, porém revolucionário.

Sobre o Center for Nonviolent Communication

O Center for Nonviolent Communication (CNVC) é uma organização global que apoia o aprendizado e a partilha da Comunicação Não Violenta, e ajuda as pessoas a resolver conflitos de modo pacífico e eficaz no contexto individual, organizacional e político.

O CNVC é guardião da integridade do processo de CNV e um ponto de convergência para informação e recursos relacionados à CNV, inclusive treinamento, resolução de conflitos, projetos e serviços de consultoria organizacional. Sua missão é contribuir para relações humanas mais sustentáveis, compassivas e que apoiem a vida no âmbito da mudança pessoal, dos relacionamentos interpessoais e dos sistemas e estruturas sociais, tal como nos negócios, na economia, na educação, justiça, sistema de saúde e manutenção da paz. O trabalho de CNV está sendo realizado em 65 países e crescendo, tocando a vida de centenas de milhares de pessoas por todo o mundo.

Visite o site **www.cnvc.org** onde poderá saber mais sobre as atividades principais da organização:

- Programa de Certificação
- Treinamentos Intensivos Internacionais
- Promover Formação em CNV
- Patrocínio de projetos de mudança social através da CNV
- Criação ou ajuda na criação de materiais pedagógicos para ensinar CNV
- Distribuição e venda de materiais pedagógicos de CNV
- Promover ligações entre o público em geral e a comunidade de CNV

The Center for Nonviolent Communication
9301 Indian School Rd NE, Suite 204. Albuquerque, NM 87112-2861 USA. Tel: 1 (505) 244-4041 | Fax: 1 (505) 247-0414

Sobre o autor

Marshall B. Rosenberg, Ph.D., fundou e foi diretor de serviços educacionais do Center for Nonviolent Communication – CNVC, uma organização internacional de construção de paz. Além deste livro, é autor do clássico *Comunicação Não Violenta* e de muitas obras sobre este tema. Marshall foi agraciado com o Bridge of Peace Award da Global Village Foundation em 2006, e com o prêmio Light of God Expressing Award da Association of Unity Churches International no mesmo ano.

Tendo crescido num bairro violento de Detroit, Marshall interessou-se vivamente por novas formas de comunicação que pudessem oferecer alternativas pacíficas às agressões que ele presenciou. Esse interesse motivou seus estudos até o doutorado em Psicologia Clínica da University of Wisconsin em 1961, onde foi aluno de Carl Rogers. Estudos e vivências posteriores no campo da religião comparada o motivaram a desenvolver o processo de Comunicação Não Violenta.

Marshall aplicou o processo de CNV pela primeira vez em um projeto federal de integração escolar durante os anos 1960 com a finalidade de oferecer mediação e treinamento em habilidades de comunicação. Em 1984 fundou o CNVC, que hoje conta com mais de 200 professores de CNV afiliados, em 35 países do mundo inteiro.

Com violão e fantoches nas mãos, e um histórico de viagens a alguns dos lugares mais violentos do planeta, dotado de grande energia espiritual, Marshall nos mostrou como criar um mundo mais pacífico e satisfatório.

Texto composto na fonte Vollkorn.
Impresso em papel Chambril Avena 80gr na Paym Gráfica